AF267771

Oc
975

RÉFLEXIONS

SUR

la Situation de l'Espagne,

CONSIDÉRÉE PARTICULIÈREMENT

SOUS LE RAPPORT FINANCIER, AVEC QUELQUES
APERÇUS SUR SES RESSOURCES.

IMPRIMERIE DE DONDEY-DUPRÉ.

RÉFLEXIONS

SUR LA

SITUATION DE L'ESPAGNE,

CONSIDÉRÉE PARTICULIÈREMENT

SOUS LE RAPPORT FINANCIER,

AVEC QUELQUES APERÇUS SUR SES RESSOURCES.

PARIS,

DONDEY-DUPRÉ PÈRE ET FILS, Imp.-Lib., rue St.-Louis, No. 46,
et rue de Richelieu, No 67, vis-à-vis la Bibliothèque du Roi;

PONTHIEU et DELAUNAY, Libraires, Palais-Royal, galerie de bois.

M DCCC XXIV.

Réflexions

SUR

LA SITUATION DE L'ESPAGNE,

CONSIDÉRÉE PARTICULIÈREMENT

SOUS LE RAPPORT FINANCIER, AVEC QUELQUES
APERÇUS SUR SES RESSSOURCES.

L'ESPAGNE et les événemens dont elle est le théâtre depuis seize ans, ont fait éclore, tant en France qu'en Angleterre, une foule d'écrits, qui tous, plus ou moins inexacts, portent l'empreinte des opinions politiques de leurs auteurs. La même inexactitude et le même esprit de parti, se font remarquer dans presque tous les discours parlementaires de Londres et de Paris, aux diverses époques où les orateurs ont traité cette grande question. Cependant, comme on ne peut nier que plusieurs de MM. les pairs et députés, ainsi que quelques écrivains, ont mis dans cette discussion beaucoup de loyauté et de bonne foi, il faut attribuer au défaut de renseignemens exacts et des connaissances locales, les erreurs notables qui, surtout dans ces derniers tems , ont été présentées-au public comme le tableau du véritable état des choses dans ce royaume. Le gouvernement français lui-même témoigne , par sa conduite ambiguë à l'égard de l'Espagne, et par ses tâtonnemens , un embarras qui prouve qu'il ne s'est pas élevé à la hauteur où l'avait placé le succès brillant de l'expédition militaire. Tout ce qui se passe depuis un an nous autorise à le croire , et à lui faire le même reproche que nous adressons aux écrivains, de n'avoir connu ni le pays, ni les événemens, ni leurs causes, non plus que les hommes qui, depuis l'invasion de Bonaparte, ont joué un rôle en Espagne. Dans tous les tems, les Français n'ont que trop prouvé qu'ils apportaient une grande légèreté dans leurs

observations sur un pays dont les intérêts politiques et commerciaux sont intimement liés aux
nôtres; mais jamais cette insouciance, si nous
pouvons nous exprimer ainsi, et ce défaut de
réflexion, ne se sont faits sentir, comme dans
ces dernières circonstances, par la multitude de
jugemens hasardés sur la véritable situation de
l'Espagne, sur ses ressources financières, et surtout sur les vicissitudes d'une révolution entreprise par des hommes dont nous avons fait des
héros, et dont la médiocrité, prouvée par leur ca-
tastrophe, a fait voir qu'ils ne connaissaient pas
même l'art trop connu des révolutions.

Il est très-facile de discourir avec plus ou moins
de talent, avec plus ou moins de bonne foi, sur
les maux qui accablent l'Espagne; de peindre, en
les exagérant, les erreurs de quelques ministres
espagnols à diverses époques, et de blâmer ce qui
s'est fait, et ce qui se fait encore, dont nous décla-

rons d'ailleurs que nous ne proposons pas d'entre-
prendre la défense sur tous les points. Un autre
Lesage pourrait composer un nouveau Gil Blas,
auquel il ne manquerait pas de motifs de critique
moins gaie sans doute, mais non moins piquante
que celle qui exerça la plume habile de l'auteur de
Turcaret ; mais ce n'est pas du côté plaisant
qu'une question aussi grave mérite d'être envi-
sagée. Il y a plus de mal que de ridicule dans
l'histoire de cette révolution, avortée sans avoir
eu aucun des caractères d'énergique et funeste
grandeur de celles d'Angleterre et de France ; et
quoique les trois années de sa durée n'aient
proprement été qu'une longue saturnale, elle n'en
a pas moins produit le fruit immanquable de
toutes les révolutions, la destruction de ce qui
existait et l'affaiblissement du corps social.

Ce n'est donc pas le mal qu'il est difficile
d'indiquer, c'est le moyen de le faire cesser.

MM. Duvergier de Hauranne et de Salvandy, dans leurs récentes publications, n'ont pas eu de peine à prouver le déplorable état dans lequel se trouve ce pays. Ils ont été moins heureux dans l'application du remède ; c'est là le défaut de la cuirasse de tous ceux qui écrivent sur ce sujet. C'est là que gît la difficulté, parce qu'on n'est pas remonté aux causes ; on n'a vu que les effets, qui ont justement effrayé, et, par une manie de comparaison dont tout le monde est possédé, on a cru que l'Espagne ressemblait aux autres états européens ; on a oublié ou on a ignoré que les Espagnols étaient un peuple à part, qui avait une morale et des principes politiques qui lui sont propres ; cette circonstance caractérisque a été négligée, parce qu'à peine on en soupçonnait l'existence ; voilà une des raisons qui ont fait manquer le but de la dernière expédition sous le rapport politique, tandis que sous le rapport militaire elle a eu un plein succès, attendu que les règles de l'art de la guerre, sont les mêmes dans tous les tems et dans tous les lieux.

L'amour des nouveautés et le désir des réformes s'introduisit en Espagne, en même tems que les discours de notre Assemblée constituante. Il se forma alors des opinions qui fermentèrent en divers sens, et suivant qu'elles étaient favorables ou contraires aux intérêts privés, quoique peut-être on pût remarquer que plusieurs personnes qui auraient perdu à des changemens, paraissaient les désirer; mais le clergé, dans sa majorité, annonça dès-lors une vive opposition aux innovations qu'on voudrait introduire, et comptait, par une foule de raisons que ce n'est pas ici le lieu d'expliquer, sur l'appui du bas-peuple.

Notre intention n'a été que de faire une légère indication des causes antérieures ; il nous paraît inutile de remonter au-delà de 1820. Ce sont les événemens qui se sont passés depuis , qui fixent actuellement l'attention publique, et exercent la plume de nos publicistes. Nous parlerons donc seulement de ce qui s'est passé dès le moment que Riego et Quiroga donnèrent le signal de l'insurrection.

Il n'est permis qu'à ceux qui n'ont pas personnellement connu ces deux chefs , d'imaginer que deux hommes, aussi médiocres sous tous les rapports , pussent commencer une révolution. Ces prétendus héros, qui ont rempli l'Europe de leur nom, donnaient , en se chargeant de cette grande entreprise, la mesure de leur capacité. Nous allons nous expliquer, en examinant sans prévention les véritables motifs de ce grand événement. Nous ne prétendons pas nier qu'il n'y eût d'autres causes qui, indépendamment des efforts de Riego et de Quiroga, auraient peut-être amené le même résultat ; mais quant à eux, ils ne se doutaient pas de l'importance de leur entreprise, et l'état de détresse où ils étaient réduits au moment où la révolution éclata à Madrid, prouve leur imprévoyance, et confirme que le seul motif qui fit révolter les troupes fut leur répugance à s'embarquer pour l'Amérique. Ils ne trouvèrent pas de moyen plus prompt d'empêcher l'embarquement, que la proclamation de la constitution, dont ils ne prévoyaient pas les conséquences. On sait en Espagne que plusieurs officiers-généraux supérieurs à Quiroga et à Riego, qui n'étaient encore que l'un colonel et l'autre chef de bataillon, avaient été sollicités d'opérer un changement dans le gouvernement, et qu'ils s'y étaient refusés ; une partie des troupes resta fidèle, et Riego, poursuivi et réduit à quarante hommes, était au moment de chercher un asile en Portugal, tandis que Quiroga, resserré dans l'île de Léon, allait capituler, lorsque le roi fut forcé d'accepter la constitution de Cadix. On peut voir dans la relation de l'adjudant-général San Miguel, qui a été traduite et publiée à Paris, en 1820, que déjà beaucoup d'officiers, réfléchissant aux suites de leur rébellion, et prévoyant, d'après le peu de ressources qui s'offraient aux chefs de la révolte, quelle en serait l'issue, se pressaient de les abandonner. On se plaint, dans cet écrit, du découragement et de la défection, ainsi que de la froideur avec laquelle le peuple accueillait les prétendus soldats de la liberté. On peut juger, par ces aveux d'un des hommes les plus intéressés au succès de la révolte, combien peu il était croyable que l'entreprise réussît, et combien il y avait de chances contraires, si les mouvemens de Madrid n'eussent fait prendre aux affaires un autre tournure. Dès-lors, ce qui était considéré comme une folie, devint un acte d'héroisme; et une poignée d'officiers rebelles, auxquels il ne restait pas même la ressource de la fuite, s'attribua toute la gloire d'avoir rétabli le système constitutionnel. Nous n'entrerons pas dans le détail des insurrections partielles qui, en Catalogne, en Arragon, en Galice et à Madrid, déterminèrent la révolution; mais nous affirmerons que ni les Espagnols, ni les étrangers de bonne foi, n'ont pu douter que Ferdinand VII n'accepta la constitution que par force.

Comme notre intention n'est pas de discuter tous les points que traite M. de Salvandy, et particulièrement ceux où, s'écartant des affaires d'Espagne proprement dites, il discute la conduite qu'a tenue la France, tant envers l'Espagne que dans ses relations avec les autres puissances, nous nous restreindrons aux considérations qui ont uniquement rapport à la Péninsule.

Nous nous permettons de penser que les ambassadeurs étrangers restèrent auprès de S. M. C., non, comme le dit M. de Salvandy, pour prouver par-là qu'ils reconnaissaient le gouvernement des cortès, mais bien pour aider le roi à en accélérer la destruction. Si ceux qui étaient à la tête de la révolution, ne conçurent pas ce soupçon, c'est une niaiserie de leur part, qu'on ne peut comparer qu'à celle des prêteurs étrangers, qui veulent faire valoir maintenant une raison aussi ridicule. Là où la force oblige, la ruse est permise, jusqu'à ce qu'à son tour la force puisse vaincre la force. Il n'y a que les ignorans auteurs de la révolution d'Espagne qui aient pu se faire illusion, au point de ne pas voir que toute l'Europe, la Sainte-Alliance surtout, avait le projet de renverser le frêle édifice de 1820. Les congrès de Laybach et de Troppau auraient dessillé les yeux d'hommes moins prévenus et plus au fait de la tac-

tique des révolutions; et, si des incidens parti-
culiers retardèrent jusqu'en 1823 l'explosion
du mécontentement des souverains, il ne man-
quait pas de symptômes qui eussent dû ouvrir
les yeux des présomptueux révolutionnaires ,
qui croyaient que d'aussi grands changemens
se consolidaient sans efforts et sans passer par
toutes les crises qu'amènent nécessairement de
pareilles catastrophes. L'étrange sécurité de ces
nouveaux réformateurs, ridicules Sosies de nos
terribles jacobins, serait la chose du monde la
plus plaisante, si le rire pouvait se mêler au
récit de pareils événemens, et si leurs résultats
n'avaient ouvert une plaie profonde qui sera
long-tems à se cicatriser. Ces Solons travestis se
persuadèrent qu'après s'être saisis de tous les emplois principaux, et qu'après avoir rempli de leurs
créatures toutes les places jusqu'à la plus petite,
tout était fini, et que la nation, en applaudissant à
leurs sublimes conceptions, se croirait heureuse

sur leur parole, et les remercierait d'avoir daigné se charger de ses destinées.

Mais, dès le mois de novembre 1820, il était survenu des incidens qui avaient évidemment prouvé que le roi n'était pas libre. S. M. en avait fait elle-même la déclaration publique à l'ouverture des cortès de 1821. Le roi Ferdinand n'a pas laissé échapper une seule occasion de faire connaître qu'il agissait contre sa volonté. Nous invoquons le témoignage de tous les ministres qui se sont succédé depuis 1820 jusqu'en 1823; quelques-uns de ces ministres ont un caractère honorable, et, malgré les persécutions injustes dont ils sont l'objet, l'estime publique ne leur a pas été enlevée. Qu'ils disent si, toutes les fois qu'eux-mêmes insinuaient au roi qu'il était à désirer que des modifications fussent apportées à la constitution, S. M. n'a pas constamment répondu, de manière à faire entendre qu'ayant été contrainte à l'accepter, elle ne se considérait pas comme assez libre pour concourir à ces modifications qu'elle n'espérait pas pouvoir faire admettre.

Après avoir ainsi posé la question, et nous nous flattons d'avoir l'assentiment des gens impartiaux, quel est l'acte de Ferdinand VII, dans le tems des cortès, qui peut être considéré comme obligatoire pour lui? Aucun, sans doute. Les preuves, les raisonnemens que nous pourrions puiser dans le droit public et particulier des nations pour soutenir notre opinion, abondent de toutes parts. Nous nous en rapporterons à la sagacité de nos lecteurs pour se les rappeler, et suppléer à notre silence.

La France, dans ses manifestes et proclamations, annonce à l'Europe qu'elle va rendre la liberté à un roi retenu captif par ses sujets révoltés; et cette puissance pourrait concevoir aujourd'hui l'extravagante idée d'exiger que ce roi, qu'elle vient de délivrer, reconnût un emprunt fait dans le tems que ce monarque n'était pas libre, ainsi qu'elle le déclare elle-même; un emprunt fait dans l'intérêt des révolutionnaires, pour payer les ennemis de ce même roi, et pour dilapider à leur profit tout ce qui ne leur était pas indispensable pour cet objet! Nous anticipons ici par occasion sur ce point, parce que nous traiterons plus bas des prétentions qu'on attribue au ministère français; question fort délicate sur laquelle nous donnerons notre opinion. Sans admettre entièrement la réalité des bruits qui courent à ce sujet, nous avouons toutefois que nous sommes surpris que ces rumeurs n'aient pas été démenties, car ce silence leur a fait prendre de la consistance.

M. de Salvandy dit que le roi Ferdinand a

employé une partie des emprunts des cortès à soudoyer les *complots* qu'il formait contre le système constitutionnel; l'assertion et l'expression sont au moins inconvenantes, et l'accusation bien hasardée. Le paiement de la liste civile ne se faisait pas avec assez d'exactitude, pour que le roi pût distraire, des trimestres fort incomplets qu'il recevait, et dans lesquels l'argent provenant des emprunts entrait pour une bien faible partie, de quoi soudoyer des *complots;* mais, cela fût-il vrai, Ferdinand **VII** serait-il répréhensible d'avoir cherché à échapper au joug qui lui était imposé, et dont on ne cherchait pas à lui dissimuler la pesanteur? Qu'on se rappelle les discours du club de la Fontaine d'Or, les diverses émeutes qui ont eu lieu à Madrid, et qu'on pourrait avec plus de vraisemblance croire avoir été *soudoyées* avec l'argent des emprunts; les tentatives faites pour obtenir la déchéance, au moyen de signatures qu'on recueillit publiquement sur des tables dressées à cet effet devant l'Hôtel-de-Ville; les articles des journaux, les pamphlets, et enfin les discours prononcés dans le sein même des cortès; Ferdinand, nous le répétons, serait-il répréhensible d'avoir tenté de recouvrer sa liberté? Au reste, cette assertion de M. de Salvandy prouve que le roi ne se regardait pas comme libre; elle prouve que *ses actes étaient forcés;* elle prouve enfin que Ferdinand VII était conséquent en agissant ainsi, et que les chefs du parti révolutionnaire étaient des insensés qui ne prévoyaient pas qu'un pareil état de choses ne pouvait durer; qu'ils n'avaient aucun des talens nécessaires, soit pour l'affermir en le modifiant, soit pour continuer la révolution. La postérité n'aura pas à leur reprocher les mêmes horreurs qu'à leurs devanciers de 1793 en France; mais, sans les absoudre sur l'intention, elle les rangera dans la classe de ces hommes pervers et dangereux, qui ne savent même pas exécuter tout le mal qu'ils imaginent, et qui, lâchement criminels, n'ont pas pour les grands forfaits cette élévation farouche qui donne une place dans l'histoire.

Il importe fort peu en principes, dans la question dont il s'agit, et qui ne peut être traitée que d'après les lois de la justice rigoureuse, que ceux qui ont prêté aux cortès soient Français, Anglais ou Espagnols. Les vissicitudes et les chances des emprunts, sont communes à tous ceux qui prêtent, sans distinction de nation; on peut, dans ces sortes d'opérations, gagner cent pour cent ou perdre une partie de son capital, le perdre même en entier; il n'y a que des têtes aussi folles ou des esprits aussi pervers que ceux qui dirigeaient les affaires en Espagne pendant le régime constitutionnel, qui aient pu imaginer de faire rembourser les Espagnols avec des valeurs imaginaires, en paiement de sommes effectives, versées au pair à différentes époques dans les caisses de l'état, tandis qu'ils faisaient payer, à leurs bons amis les étrangers, sans rabais, et avec des intérêts cumulés, des sommes qui jamais n'entrèrent intégralement dans le trésor public, et dont les conditions primitives portaient des stipulations usuraires ou supposées.

Qu'on ne s'étonne point de la sévérité de nos épithètes; jusqu'à présent le public n'a été entretenu que de plaintes contre la mauvaise foi du gouvernement espagnol, qu'on affecte de présenter à l'opinion publique comme violant ses engagemens. Il est tems que la vérité se fasse entendre ; et, comme elle pourrait au besoin s'appuyer de preuves irréfragables, nous oserons la dire tout entière. Le nombre des intéressés à la tenir cachée est petit, mais ils cherchent à s'appuyer sur une opinion publique, qu'ils formeraient eux-mêmes si leurs déclamations restaient sans réponse. L'écrivain distingué que nous combattons a été, dans cette circonstance, l'écho des personnes qui, sachant combien peu leurs prétentions sont fondées, espèrent en imposer au public, déjà prévenu contre l'Espagne.

Nous allons examiner maintenant s'il y a plus de justice à qualifier de banqueroute le refus du gouvernement espagnol de reconnaître les emprunts des cortès.

On ne peut faire banqueroute que lorsqu'on est débiteur; or le gouvernement actuel de l'Espagne est loin de convenir de ce fait, puisqu'il nie avoir contracté les emprunts dont il s'agit, et jusqu'à présent personne n'a administré des preuves du contraire. Il est encore échappé aux partisans de cette reconnaissance, à M. de Salvandy lui-même, des aveux qui, en ajoutant de nouvelles preuves à l'état d'oppression dans lequel était le roi, invalident cette opération, ainsi que toutes celles qui se sont faites pendant le régime constitutionnel. Supposons un propriétaire auquel une autorisation d'emprunter sur ses biens, aurait été arrachée, le couteau sur la gorge, par des hommes qui auraient consommé cette opération, en détournant à leur profit des sommes qu'ils se seraient procurées de cette manière. Si ce propriétaire parvenait ensuite à prouver la violence qui a été exercée contre lui, quel est le tribunal qui ne relèverait pas ce prétendu débiteur de toute obligation provenant de l'autorisation qu'il aurait été contraint de souscrire? Les lois de tous les pays condamnent aux galères les auteurs de ces violences, et libèrent celui contre qui elles ont été commises. Eh bien! le gouvernement espagnol actuel, c'est-à-dire le roi Ferdinand, se trouve absolument dans le cas de ce propriétaire vis-à-vis de ceux qui eurent le maniement de ces emprunts, ainsi que des porteurs des titres qui le représentent ; mais ces derniers conservent un droit positif contre ceux qui ont reçu leur argent. Nous ne répéterons pas ici ce que nous avons dit plus haut, de la publicité des démarches faites par le roi pour annoncer à l'Europe qu'il n'était pas libre ; démarches qui progressivement ont été sanctionnées, si nous pouvons nous exprimer ainsi, par la continuation non interrompue des attentats contre la liberté du monarque.

Nous désirons, autant que tous les écrivains qui prodiguent des conseils à l'Espagne, que ce royaume rétablisse son crédit ; mais nous ne pensons pas que l'Espagne doive se soumettre, pour y réussir, à une servile imitation de ce qui s'est fait ailleurs. On verra plus bas que, sans employer les théories qu'on a mises en pratique dans certains pays, et dont il serait facile de prouver que dans telle ou telle circonstance, le but réel, qui était l'intérêt particulier, se cachait sous le voile du bien public, il n'est pas impossible d'établir un crédit national. Nous croyons qu'en finances comme en toutes choses, c'est l'à-propos qui est la principale condition du succès. Le véritable talent d'un ministre est de savoir bien juger les hommes et les choses, du moment même où il a une grande opération à faire, sans s'embarrasser des précédens. La France n'est-elle pas arrivée à la première classe du crédit public, après les nombreuses banqueroutes qu'elle a faites sous les divers gouvernemens qui se sont succédé, et que nous nous dispenserons d'énumérer ? En déduisant les conséquences rigoureuses du mot de ce ministre qui dit, *Payons nos dettes* et le crédit reparaîtra, n'aurait-il pas fallu aussi revenir sur les réductions qu'on avait fait subir aux créanciers de l'état à diverses époques? Nous ne citerons que celle de la réduction au tiers de la dette antérieure à la révolution française, ce qui était une banqueroute si jamais il en fut. Nous croyons que c'est l'*exactitude du moment* qui fait naître la confiance, et l'entretient. Les hommes oublient le passé, et ne s'occupent que du présent, qu'ils prennent volontiers, surtout en cette matière, pour baromètre de l'avenir. Nous pensons donc que l'Espagne, par sa ponctualité à remplir ses engagemens, atteindra le but auquel elle aspire. Qu'elle laisse déclamer ses ennemis ou ceux qui ont intérêt à la décrier. Elle pourra, et elle veut, payer les obligations qu'elle contracte pour sa restauration; elle donne par-là des preuves de sa justice, et des moyens qu'ont toutes les nations pour subvenir aux besoins de leurs gouvernemens légitimes.

Veut-on savoir quelle a été la véritable cause

de l'arriéré du revenu public en Espagne ? Le voici, et certes la monarchie légitime n'y est pour rien.

L'invasion de Bonaparte détruisit presqu'entièrement la richesse nationale, et anéantit toutes les sources d'où elle provient. Le pillage, l'incendie, une consommation rendue excessive par la mauvaise administration des armées, et par le déplacement et la fuite des vaincus, que la nécessité de se défendre et leur honneur indignement outragé entraînaient à de grandes distances ; la diminution subite de l'agriculture et la destruction de la plupart des établissemens industriels, laissèrent l'Espagne dans un état tellement déplorable, qu'il fut impossible aux malheureux Espagnols de payer les contributions qui, à la retraite des Français, furent rétablies sur l'ancien pied. Cependant, le trésor royal ne s'arriéra dans les six années qui précédèrent la révolution de 1820, que de deux cents millions de francs, qui, répartis sur ces six ans, ne font que trente-trois millions de francs par an. Nous prions nos lecteurs de se rappeler ce fait, qui ajoutera aux preuves que nous donnerons plus bas, que l'Espagne, par la modicité de ses dépenses, peut, plus facilement et plus vîte qu'un autre pays, rétablir ses finances. Il faut remarquer que cet arriéré, dont la plus grande partie était due à des entrepreneurs ou fournisseurs des divers services, avait principalement, pour origine, des avances faites dans la guerre de l'indépendance, le rassemblement de deux armées aux frontières de France lors du débarquement de Bonaparte en 1815, l'expédition de Morillo et les préparatifs de celle que la révolution empêcha d'effectuer. Ces dépenses peuvent, à bon droit, être considérées comme extraordinaires, et il est à déplorer qu'elles aient eu en grande partie pour motif l'expédition projetée en Amérique, dont la fatalité a fait le premier mobile d'une révolution d'autant plus funeste, qu'outre les maux de toute espèce dont elle a accablé l'Espagne, elle a fait perdre une occasion très-favorable de rétablir la domination de la métropole dans ses colonies. Il faut croire que M. Cauga Argüelles, ministre des finances constitutionnel, ne chercha pas à diminuer le montant de cette dette dans le compte qu'il en rendit aux cortès. Il était au contraire très-disposé à l'exagérer, pour aggraver ce qu'il appelait les torts du gouvernement légitime, et si cette dette eût été liquidée par un ministre intègre et bien intentionné, elle aurait pu être éteinte avec cent millions. La majeure partie des intéressés se seraient contentés de la moitié, plutôt que de s'exposer à une inspection sévère de leurs comptes. Nos lecteurs jugeront de la bonne foi de ceux qui dirigeaient la trésorerie dans le tems que M. Cauga Argüelles, en apprenant que les créanciers vendaient sur la place leurs titres de créance à 40 p. o/o. Ils étaient achetés par les agens des directeurs de la trésorerie, qui s'en payèrent de préférence avec les fonds provenant des emprunts. C'est pour couvrir ces manœuvres que ce ministre, dans un rapport solennel aux cortès, insista sur la nécessité de payer par annuités et très-religieusement cette sorte de créances, et, par une inconséquence dont lui et ses collègues ont donné plus d'une preuve, il demanda, peu de jours après, que la dette contractée pendant les six années que les révolutionnaires appelaient le tems du despotisme fût inscrite à la caisse qu'on décore du titre pompeux de *crédit public*, et qui n'était réellement, pour les malheureux créanciers, que les gouffres du fleuve Léthé.

Dès ce moment, un désordre effroyable s'introduisit dans l'administration. Toutes les places civiles, judiciaires et financières devinrent la proie d'hommes incapables ou pervers, dont le prétendu patriotisme était le seul patrimoine. Le système constitutionnel eut aussi ses *purifications*. Des dispositions législatives, largement interprétées par les circulaires des divers ministres, statuèrent que la première condition pour exercer les fonctions publiques, était une adhésion connue au système révolutionnaire. Une foule de destitutions n'eurent d'autres motifs que l'accusation de sentimens secrets contraires à la constitution; l'indifférence et ce qu'on appelait le modérantisme, car la langue révolutionnaire est partout la même, étaient des titres d'exclusion. Les nouveaux employés, par leur rapacité et par les vexations qu'ils exercèrent dans les provinces, pour hâter le recouvrement des contributions, développèrent les germes de mécontentement que les décrets imprudens et irréfléchis des cortès avaient fait naître.

Il est maintenant impossible de vérifier toutes les concussions qui ont eu lieu. Leurs auteurs, surtout les chefs, ont eu grand soin de faire disparaître les preuves de leurs dilapidations; et pendant que ceux-ci travaillaient en grand à Madrid sur les emprunts dont d'imprévoyans étrangers, séduits par le pompeux prospectus des banquiers, faisaient les fonds, des subalternes, non moins rapaces, dévoraient la fortune publique et particulière dans les provinces, certains qu'ils étaient de l'impunité, en graduant l'exaltation de leur patriotisme à l'étendue de leurs rapines.

Voilà les causes véritables de l'état de détresse dans lequel s'est trouvée l'Espagne au moment de la restauration. L'administration des finances était dans une confusion épouvantable et d'autant plus disloquée, que les novateurs, au fur et à mesure qu'ils arrivaient au pouvoir, ne manquaient pas, suivant l'usage, d'introduire un nouveau système, dans le double but de s'enrichir et de se faire des amis en créant de nouveaux emplois. Il n'a fallu à la révolution que trois années pour tout détruire. Ne serons-nous pas assez justes pour accorder au gouvernement légitime le même tems pour reconstruire un édifice renversé de fond en comble. Ce serait même trop exiger ; car l'expérience de tous les tems et de tous les lieux prouve que, s'il suffit d'un moment pour renverser l'ordre de choses le mieux établi, il faut de longues années de soins et de patience ; pour réparer le mal et les désastres qu'amènent toujours les révolutions.

Ces désordres antérieurs, dont les détails sont ignorés des étrangers, ne peuvent avoir à leurs yeux l'importance que leur donnent un assez grand nombre d'Espagnols, qui, sans prendre une part active à la révolution, en prévoyaient

les immanquables résultats. Il y a, parmi ces Espagnols, des hommes pleins de sens et d'expérience, qui savent quels sont les moyens propres
à rétablir l'ordre. Il y en a qui connaissent à fond
les ressources de leur pays, et trouveraient les
moyens d'élever les recettes au niveau des dépenses; mais ils croient voir des difficultés dans la
manière dont s'exerce l'intervention de la France;
ils croient y apercevoir de la contradiction avec
les principes généraux et conservateurs de la légitimité, dont toutes les conséquences doivent
être rigoureuses. Incertains et découragés par le
peu de clarté de la politique européenne vis-à-vis
de l'Espagne, ils se tiennent à l'écart, et ne
cherchent point à prendre part aux affaires publiques. Bien pénétrés des véritables causes des
maux de leur patrie, ils ne tarderaient pas à
les faire connaître, et à indiquer le remède, s'ils
voyaient le système de la légitimité, bien compris relativement à l'Espagne, y déployer sa sa-

lutaire influence, en élaguant des questions inci-
dentes et hors de propos, qui font naître des
tiraillemens intérieurs et extérieurs fort embar-
rassans. Nous ne donnerons pas à cette partie
de la question tous les développemens dont elle
est susceptible. La sagacité du public et des
hommes d'état, si cet écrit parvient jusqu'à eux,
tirera de nos indications des conséquences fé-
condes que nous ne pouvons qu'entrevoir.

Afin d'éclaircir autant qu'il sera en nous toutes
les questions relatives à l'Espagne, surtout sous
le rapport de ses finances et de la possibilité de
les rétablir, nous allons entretenir nos lecteurs
de l'emprunt Guébhard, qui a eu aussi sa part
dans les déclamations des détracteurs de l'Espagne. Nous prouverons combien il a été utile
à cette puissance dans le moment difficile où il
a été conclu.

Les révolutionnaires avaient laissé toutes les

caisses absolument vides. L'administration était entièrement désorganisée; le premier soin dut être de la rétablir. Cette opération n'a pu être l'affaire d'un moment. D'ailleurs, l'organisation eût-elle été parfaite, elle ne procurait pas des ressources immédiates. L'entretien des troupes royalistes avait consommé d'avance les contributions publiques, dont la rentrée était fort lente et très-incertaine. Dans cette situation, l'emprunt Guébhard fut un événement très-heureux. Il a produit, quant à la portion qui en a été négociée, les sommes qui avaient été stipulées, et l'on remarquera que cette stipulation était à un cours beaucoup plus élevé que celui qu'obtint la France elle-même lors de la seconde restauration. Le gouvernement espagnol n'a point oublié que cet emprunt lui fut d'un grand secours, dans un moment où il ne pouvait compter sur aucune rentrée de ses revenus ordinaires; il se rappelle que c'est au moyen de ce même emprunt qu'il a pu subvenir aux dépenses les plus urgentes de la couronne, et l'on peut être certain que toutes les conditions convenues seront remplies avec la plus religieuse ponctualité. Nous ajouterons que, reconnaissant envers ceux qui, méprisant la perfide et misérable opposition de quelques banquiers, ont eu confiance dans la parole royale de Ferdinand VII, il anticipera les paiemens d'amortissement. Nous entendons déjà nos profonds et surtout *très-instruits* auteurs d'articles de journaux ou de pamphlets, nous demander, avec le sourire du dedain, quels sont les moyens du gouvernement espagnol pour tenir ses engagemens? Nous leur répondrons par des calculs, par des chiffres, par des renseignemens tirés de documens aussi exacts que réguliers, et par des éclaircissemens étendus, que jusqu'à présent fort peu d'étrangers et un bien petit nombre d'Espagnols se sont donné la peine d'examiner.

L'Espagne a une population de douze millions d'ames, plutôt plus que moins (1). En réduisant au plus bas possible, la valeur de ce que les économistes considèrent devoir être consommé des produits immédiats de la terre par chaque individu, nous la fixerons à 25 centimes par jour, d'où nous conclurons nécessairement qu'il se consomme journellement pour une valeur de trois millions de francs, ce qui fait une somme an-

---

(1) Il n'y a pas eu de recensement régulier depuis 1797. A cette époque, la population était de près de onze millions d'ames; mais il faut observer que les autorités locales diminuaient toujours le nombre d'habitans, dans la crainte que cette mesure n'eût pour but une levée d'hommes ou d'argent. Depuis cette époque, la vaccine s'est introduite, sans nul obstacle, dans toute l'Espagne; et beaucoup d'autres causes, qui dans les autres pays européens ont fait augmenter la population, y ont aussi contribué en Espagne, quoiqu'avec moins d'efficacité.

nuelle de mille quatre-vingt-dix-huit millions de francs , ci 1,098,000,000. Si le gouvernement parvient à faire contribuer la nation à raison de dix pour cent sur cette consommation, il aura sur cette seule branche un revenu de 109,800,000 fr. Croit-on qu'il soit bien difficile à une bonne administration d'obtenir ce résultat? Passons maintenant de ce calcul , sur l'exactitude duquel nous ne formons pas le moindre doute, au revenu du clergé, dont on a parlé avec la même légèreté et la même ignorance que de tout ce qui concerne l'Espagne. Les écrivains étrangers, et après eux les coryphées de la révolution d'Espagne , qui ont étudié leur propre pays dans des livres français et anglais , ont dit que les dîmes produisent plus que tous les revenus réunis de la couronne. Quelques-uns ont assuré, sans le moindre fondement, et sans citer aucune autorité, que leur montant s'élevait à cent cinquante millions de France. Nous savons , nous , parce que nous avons cherché à le savoir, que ce calcul est très-exagéré, et, pour fournir une arme contre nous à ceux qui atténuent les ressources de l'Espagne, nous supposerons que la dîme rend la moitié de cette somme, c'est-à-dire 75 millions de fr. On va voir comment, en faisant cette concession à nos adversaires, en thèse générale, nous en tirons un argument irrésistible en notre faveur, dans le point particulier dont il s'agit. Ces observateurs critiques, toujours prêts à censurer, savent-ils ce que le clergé paie à l'état, sous le nom de *subsides*, *tercias reales*, *casa escusada* et *noveno?* Plus de cinquante pour cent. Ceci est positif, et nous pourrions en administrer la preuve.

Voilà donc un premier revenu certain de. . . . . 37,500,000 fr.

Les revenus connus sous le nom de rentes provinciales, y

Report. . . . 37,500,000 fr.

compris les contrats particu-
liers de la couronne d'Arra-
gon, donnent. 55,000,000
   Le tabac et les douanes ne
peuvent donner moins de. . . 25,000,000
   Le sel et le papier timbré. . 15,000,000
————————
Fr. 132,500,000

Nous ne parlons pas d'une infinité d'autres revenus moins considérables dont la réunion forme une somme importante et de différens produits, tels que les mines de vif-argent, plomb, etc., qui seraient appliqués à l'amortissement de la dette ancienne. Nous trouvons donc un revenu d'une rentrée facile de 132,500,000 francs. Il nous serait aisé de répondre à toutes les objections qui pourraient nous être faites sur la possibilité du recouvrement ; nous pourrions la prouver jusqu'à l'évidence. Il nous paraît inutile d'entrer dans ces détails.

L'Espagne, d'après sa position topographique, et d'après le nouveau système politique adopté par les souverains de l'Europe, n'a pas à redouter des guerres étrangères. Une armée de quarante mille hommes lui suffit sans doute pour maintenir l'ordre intérieur. Tout le monde sait que le soldat espagnol est celui dont l'entretien est le moins coûteux. Nous croyons qu'une somme de quarante millions de francs est plus que suffisante pour cette armée, ci.   40,000,000

S. M. C. et sa famille vivent très-économiquement. Cette dépense, y comprise celle des princes ses frères, ne monte pas au-delà de. . . . . : 10,000,000

Tous les ministères réunis ne vont pas à. 30,000,000

Report. . . . 80,000,000

Pour défendre ses côtes des pi-
rates, pour entretenir et former
graduellement la marine dont l'Espagne peut avoir besoin. 20,000,000
____

Fr. 100,000,000

Il reste disponible, pour les arriérés, pour les
pensions, encouragemens au commerce et à l'industrie, travaux publics, etc., etc., une somme
de 32,500,000, bien supérieure à ce que peuvent exiger les dépenses de cette nature. Et l'on
voudrait nous persuader que l'Espagne ne
pourra satisfaire aux stipulations d'un emprunt
aussi peu considérable que celui qui est connu
sous le nom de Guébhard ! Les porteurs des
obligations de cet emprunt peuvent être bien
tranquilles sur ce placement de fonds. Nous ne
doutons pas que si l'Espagne, qui, nous en con-

venons, a besoin de quelques années de repos, à l'abri de son gouvernement légitime, pour jouir des heureux résultats d'une administration qu'il a fallu réorganiser, croit devoir ouvrir un autre emprunt, elle trouvera promptement à le remplir, chez les capitalistes qui voudront se donner la peine d'examiner la véritable situation de ses finances, et les moyens qu'elle a de les améliorer.

Si les ressources de l'Espagne sont moindres que celles de la France dans la proportion de sa population, ses dépenses sont aussi bien moins considérables dans cette même proportion. Le calcul de cette comparaison serait peut-être difficile; mais ce qui est certain, c'est qu'il y a une sorte de compensation dans les contributions respectives des deux peuples. Un Espagnol paie 12 à 13 francs par an, tandis qu'un Français paie de 36 à 39 francs,

Il est permis d'espérer qu'un jour le ministère des finances de l'Espagne sera confié à un homme habile, né dans le pays, et qui aura une parfaite connaissance des ressources de ce royaume, que tant de relations mensongères ont représenté comme totalement ruiné, et hors d'état de suffire aux dépenses de son gouvernement. Cet homme, qu'il n'est pas impossible de rencontrer, parce qu'il y en a de très-capables que le découragement et leur modestie tiennent, comme nous l'avons dit, éloignés des affaires, sera investi de la confiance du roi; il saura employer, avec discernement et sans précipitation, les moyens qui seront à sa disposition, et qui seront d'autant plus grands, qu'il en connaîtra l'étendue; il saura même en créer de nouveaux, en donnant à l'agriculture et à l'industrie des encouragemens sagement répartis, et en ne se pressant pas d'appliquer sans réflexion des théories brillantes, pour lesquelles l'Espagne n'est pas encore mûre. Ce sol, si favorisé par la nature, ne demande qu'à produire. La population augmente sensiblement. Quelques années de paix rendront à l'agriculture et à l'industrie des bras que les guerres étrangères et civiles en ont détournés. Les passions se calmeront, et le retour aux habitudes pacifiques fera renaître le goût et le besoin des commodités de la vie, qui, dans un grand état, donnent une forte impulsion au commerce. Les dépenses du gouvernement n'éprouveront point d'augmentation ; car il n'a plus à redouter les agressions étrangères, et les Espagnols sauront se préserver des troubles intérieurs. Le luxe n'exercera pas de long-tems ses funestes influences chez ce peuple, dont la simplicité et la sobriété sont le trait caractéristique.

La comparaison qu'on a voulu faire des restaurations de France et d'Espagne, est radica-

lement vicieuse. Ces deux grandes époques his-
toriques ne se ressembleront jamais que de nom.
En effet, en Espagne, l'invasion de Bonaparte
avait entièrement disloqué le corps social. Une
immense quantité d'hommes avaient abandonné
leur profession pour prendre les armes ; la plupart y avait été forcés pour s'assurer des moyens
de subsistance. Les troupes, qui ne furent jamais réunies en grandes masses, n'avaient presque pas de communication avec le gouvernement
siégeant à Cadix, qui fut bloqué par terre
pendant près de trois ans. L'indiscipline et le désordre étaient le résultat nécessaire de cette dis-
persion des corps d'armée, dont les chefs faisaient
chacun la guerre pour leur compte, quoique
dans un but commun. Quelques généraux par-
vinrent à établir une apparence de discipline ;
mais ce fut le plus petit nombre. Les habitudes
contractées dans cette vie errante et aventureuse,
imprimèrent à toute la génération active de cette

époque, un caractère qui commençait à peine à s'adoucir au moment de la révolution de 1820. Les anciennes habitudes agricoles ou industrielles étaient effacées par celles que ces hommes contractèrent dans les camps, et qui leur faisaient envisager avec dégoût leur anciennes occupations. Peu d'entre eux, surtout parmi les officiers et les sous-officiers, les reprirent ; ils suivirent la nouvelle carrière que les circonstances leur avaient fait embrasser. Ils furent d'un embarras extrême pour un gouvernement encore mal affermi, qu'ils accablaient de sollicitations continuelles, pour être employés ou soldés suivant les grades qu'ils avaient acquis dans la guerre de l'indépendance. Repoussés par le ministère auquel il était impossible de faire droit à des prétentions qui paraissaient justes au fond, ils finirent par en devenir les ennemis. C'est une des causes qui donnèrent tant de partisans à l'insurrection révolutionnaire. Les cortès éprouvèrent plus tard le même inconvénient. Les mêmes hommes, dont le nombre s'était accru, sollicitèrent la récompense de leurs anciens services et de ceux qu'ils avaient récemment rendus, et, repoussés également par le ministère constitutionnel, ils changèrent leur adhésion en haine, et furent les premiers moteurs des insurrections royalistes. C'est un très-grand malheur pour un gouvernement, que la présence d'une classe nombreuse de citoyens tels que ceux dont nous venons de parler. Un des principaux chefs de l'insurrection contre Bonaparte, disait que l'Espagne ne serait tranquille que lorsqu'elle serait purgée des hommes que lui-même avait commandés. Il les connaissait bien, et son opinion est d'un grand poids, d'autant que lui-même était sorti de leurs rangs. Il y a en Espagne trente mille officiers; c'est vingt-cinq mille de trop. Le gouvernement doit prendre un parti; ce ne peut-être celui des concessions préjudiciables à la monarchie. S'il cède, il périt.

Imiter ce qui se fit en France en pareil cas, serait aussi extravagant qu'impraticable. Bonaparte avait inspiré à toutes les classes de la société, aux militaires surtout, le plus grand respect pour le pouvoir, et avait en outre créé des institutions plus que monarchiques, si l'on peut s'exprimer ainsi. Le gouvernement légitime qui lui succéda, trouva le chemin tracé. Les hommes du pouvoir, accoutumés à obéir, se soumirent avec résignation à des dispositions émanées de l'autorité royale, qui d'ailleurs, en France, put immédiatement faire payer la partie des appointemens qui furent alloués. Il est encore à remarquer qu'il y avait, dans les officiers d'alors qui ne furent pas employés, plus de regrets que de malveillance.

En Espagne, au contraire, tous les efforts ont eu pour but la destruction des institutions monarchiques. Ces hommes, que l'on conseille à Ferdinand VII d'accueillir et de récompenser, en les employant ou en les payant, sont ses ennemis déclarés, et notoirement opposés au système général d'ordre et de légitimité, dont tous les gouvernemens de l'Europe ont adopté les principes. Nous ne confondons pas avec ces hommes beaucoup d'honnêtes propriétaires, de négocians, d'artisans, qu'on range un peu légèrement dans la classe révolutionnaire. Leurs sentimens, qu'on interprète comme une marque de mécontentement, sont ceux de bons citoyens qui gémissent de l'état fâcheux dans lequel se trouve leur patrie, mais qui n'ont pas perdu l'espoir que cette situation changera dès que l'Espagne pourra utiliser ses propres ressources, et qui sont convaincus, surtout, que le plus sûr moyen d'arriver promptement à ce résultat, est dans le rétablissement très-possible des finances du royaume.

L'Espagne, dans son état actuel, ne peut être sauvée que par une dictature ; et qui peut l'exercer, si ce n'est le prince qui la gouverne? La modération et la clémence ne sont pas incompatibles avec cette forme passagère de gouvernement; mais ces vertus royales veulent être exercées avec discernement. Lorsqu'on juge les hommes et les choses à une grande distance et sur des renseignemens inexacts, les conseils qu'on donne avec tant de générosité pourraient bien être à rebours de ceux que des circonstances impérieuses dictent sur les lieux mêmes. Elles forcent souvent d'agir selon qu'elles se présentent ou se modifient. La France doit continuer ses secours; son honneur et son intérêt bien entendu le lui commandent; mais elle doit, pour être conséquente à ses déclarations antérieures, désirer que le roi Ferdinand ait le libre et plein exercice de sa volonté. Ce prince, malgré de sinistres prédictions, peut achever le grand ouvrage de la restauration. Que ses alliés l'aident, s'il en est besoin, à garantir son royaume de troubles intérieurs, et l'on verra, progressivement et plus vîte qu'on ne le pense, la tranquillité se rétablir, parce que les passions se calmeront. L'intérêt particulier, distrait jusqu'à présent par les mouvemens politiques, ramènera peu à peu les Espagnols de tous les partis au soin de leurs affaires domestiques, et, l'autorité adoucissant le système de rigueur dont elle s'est crue obligée d'user, à proportion qu'elle aura moins à craindre de la turbulence des mécontens, toutes les traces de l'esprit révolutionnaire finiront par disparaître.

Nous n'ajoutons aucune foi à des bruits qui ont été répétés par tous les journaux, de demandes faites au gouvernement espagnol, d'un remboursement d'avances et de certains frais de la guerre. Ces prétentions, si elles étaient réelles, nous paraîtraient absurdes. La France et la Sainte-Alliance ont pris les armes pour défendre les principes de légitimité que, d'un commun accord, elles ont établis comme bases du nouveau droit public du continent européen. La France, comme plus à portée, a prêté son armée. Nous ignorons si, dans les stipulations de Vérone, elle fut aussi exclusivement chargée des frais de cette expédition. Quoi qu'il en soit, l'Espagne ne doit rien pour cela. Elle n'est obligée qu'à la réciprocité, si dans un cas pareil quelqu'un de ses alliés venait à avoir besoin de ses secours. Ce sont les droits de la souveraineté légitime, dont tous les monarques se sont rendus solidaires les uns envers les autres, qui ont été rétablis dans la personne de Ferdinand VII. Ce n'est pas seulement parce qu'elle a éclaté en Espagne que la rébellion y a été attaquée et anéantie; c'est parce qu'elle mettait en péril les principes généraux et conservateurs sur lesquels repose la tranquillité de l'Europe. Il serait aussi affreux qu'injuste, d'affliger par des demandes auxquelles il lui est impossible de satisfaire, un monarque entouré d'obstacles et d'embarras de toute espèce, dont les méditations sont absorbées par les soins d'une administration difficile; qui doit s'occuper à rouvrir les sources taries de la prospérité publique, et préparer à ses peuples les moyens de rétablir les fortunes particulières par le travail et l'industrie, afin qu'elles puissent concourir efficacement aux besoins de l'état. Nous croirions outrager le ministère français, en lui supposant des vues aussi intéressées. La France, puissante, riche et généreuse, n'a jamais fait payer ses services. Son gouvernement sera digne d'elle, et continuera de tendre une main secourable et protectrice au roi que le sang qui coule dans ses veines rend cher à tous les Français, et à une nation estimable qui a tant de titres à notre amitié.

Le titre de cet écrit paraissait n'annoncer que des observations financières. Nous nous sommes quelquefois élevés à des considérations politiques; ce n'était guère possible autrement. Dans l'ordre social tel qu'il est constitué aujourd'hui, toutes les questions se lient les unes aux autres, et l'on ne peut en traiter une seule sans les effleurer toutes ; celles surtout qui , comme la politique et les finances, ont une égale influence sur le destin des empires.

Nous avons apporté dans cette discussion la plus grande bonne foi. Nous n'avons avancé aucun fait dont nous ne soyons parfaitement certains. Si quelques-unes de nos remarques paraissent sévères, elles n'en sont pas moins vraies. Qu'on consulte les témoins oculaires et désintésessés des événemens qui se sont passés en Espagne pendant la durée du régime constitutionnel, on verra que nos observations sont exactes, et que le tableau que nous en traçons n'est pas exagéré.

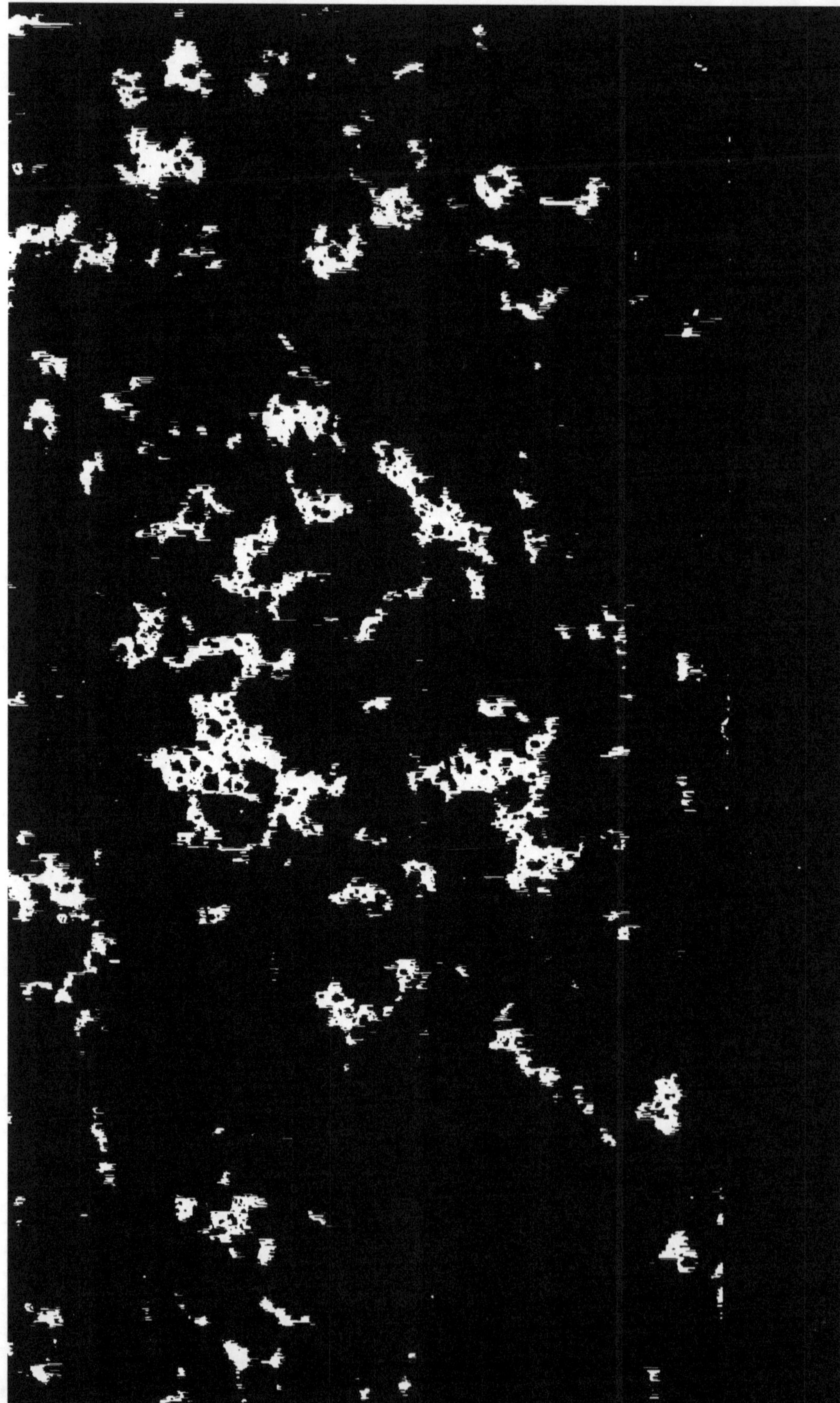